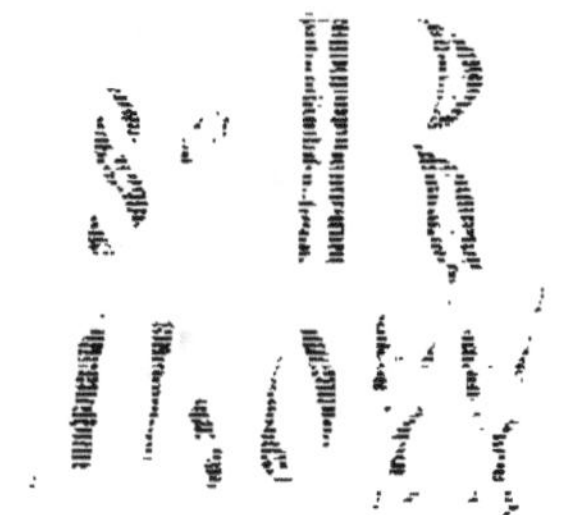

DEVOIRS DES ENFANTS

ENVERS LEURS PARENTS

PAR

L'Abbé J.-M. L.

LYON

LIBRAIRIE EMMANUEL VITTE

4, Place Bellecour, 4.

DEVOIRS DES ENFANTS

IL ÉTAIT SOUMIS A SES PARENTS

DEVOIRS DES ENFANTS

ENVERS LEURS PARENTS

PAR

L'Abbé J.-M. L.

LYON

LIBRAIRIE EMMANUEL VITTE

3, Place Bellecour, 3.

IMPRIMATUR

Lugduni, die 24 junii 1896.

A. BONNARDET, *vic. gen.*

Devoirs des Enfants

LE COMMANDEMENT DES ENFANTS

*Tes père et mère honoreras
Afin de vivre longuement.*

Voilà, mes chers enfants, le commandement que le bon Dieu a fait pour vous.

Il renferme tous les devoirs que vous avez à remplir à l'égard de vos parents; on pourrait même dire qu'à votre âge et dans une famille chrétienne il renferme en quelque sorte tous vos devoirs. L'enfant qui accomplit comme il faut ce commandement *accomplit toute la loi* et est un enfant parfait.

Si vous *honorez* vos parents, vous écouterez avec attention et docilité leurs instructions qui sont toutes pour votre bien.

Si vous obéissez à vos parents, vous serez pieux, parce que vous irez avec eux à l'église et vous ferez exactement vos prières ; vous garderez l'innocence, parce que vous éviterez les mauvaises compagnies qu'ils vous défendent de fréquenter.

Si vous aimez vos parents, vous ne leur ferez jamais de peine par aucune méchanceté, par aucune sottise, par aucun mensonge ; vous imiterez leurs bons exemples ; vous vous laisserez former aux habitudes chrétiennes, et comme l'Enfant Jésus, *vous croîtrez en sagesse devant Dieu et devant les hommes.*

Faites votre examen de conscience et vous reconnaîtrez que la plupart de vos fautes et de vos remords viennent de ce que vous n'avez pas assez bien observé le quatrième commandement; comme aussi vos victoires sur vous-mêmes et vos vraies joies, c'est sur ce terrain que vous les avez gagnées.

Oui, mes enfants, honorez votre père et votre mère, et *vous vivrez;* vous serez bénis au ciel et sur la terre. La parole du Seigneur est formelle. C'est même le seul commandement auquel ait été attachée la promesse d'une récompense temporelle. Quoi qu'il en soit de la manière dont elle s'effectue, ce qu'il y a de certain, c'est qu'elle s'accomplit dès ce monde, car Dieu est fidèle à sa parole.

Vous n'avez pas de meilleur moyen d'être agréables à Dieu qui est votre premier père. J'ajoute que c'est le seul moyen que vous ayez de réaliser votre désir de rendre vos parents heureux.

Selon que vous serez sages ou méchants, dociles ou désobéissants, vous apporterez la joie ou la tristesse dans le cœur de vos père et mère, vous mettrez le calme ou le trouble sous le toit domestique. De toutes les souffrances qui peuvent affliger vos parents, la plus douloureuse est certainement l'insoumission et l'inconduite d'un enfant. Elle est inconsolable comme la douleur de Rachel. Mettez au contraire dans une maison la pauvreté, les revers, la maladie; s'il y a là des enfants dociles, obéissants, respectueux, aimant bien leurs parents, le bonheur habite cette demeure.

Les parents du jeune Tobie paraissaient bien à plaindre, avec leurs infirmités, au milieu des privations de l'exil et de la captivité. Ils sont heureux néanmoins : ils ont un enfant sage et soumis; cet enfant suffit pour les consoler : il est *la lumière de leurs yeux, le bâton de leur vieillesse, la consolation de leurs jours.*

En vous commandant d'honorer vos père et mère, le bon Dieu vous commande de les aimer, de les respecter, de leur obéir, de les assister dans leurs besoins temporels et spirituels.

La vertu de l'enfant qui remplit bien tous ces devoirs s'appelle d'un beau nom qui fait voir le caractère religieux et sacré de l'honneur dû à nos parents, c'est la *piété filiale*.

Si pendant les années de votre enfance et de votre jeunesse, l'occasion se présente plus souvent de pratiquer cette belle vertu, à vous surtout qui avez le bonheur de vivre sous le toit paternel, il ne faut pas croire qu'elle ne vous conviendra plus, quand vous aurez grandi; ni l'âge ni la condition ne vous dispenseront jamais de ce que vous devez à votre père et à votre mère.

Voyez l'Enfant Jésus, le modèle que vous ne devez jamais perdre de vue : il vous donne le plus bel exemple de la piété filiale. Lui, le Roi du ciel et de la terre, ne cessa depuis son enfance jusqu'à l'âge de trente ans, *d'être soumis* à la sainte Vierge et à saint Joseph. Il soulageait, dans son travail, son père adoptif, et lorsqu'il fut attaché à la croix et qu'il était sur le point de mourir, il s'intéressa encore à ce qu'il avait de plus cher sur la terre, à sa sainte Mère qu'il confia aux soins de son disciple bien-aimé.

Témoin des merveilles de sagesse et de puissance opérées par Jésus, une femme s'écria un jour, dit l'Evangile, du milieu de la foule, à la louange de la sainte Vierge : *Bienheureuses les entrailles qui vous ont porté et le sein qui vous a nourri !*

C'est le même sentiment qu'éprouvaient les habitants d'Athènes, en voyant la conduite pieuse de deux écoliers qui pendant leurs études ne connaissaient dans la ville que deux chemins, celui de l'église et celui de l'école, et qui devinrent de grands évêques, saint Basile et saint Grégoire de Nazianze. Sur leur passage on s'écriait : *Oh! qu'ils sont heureux les* pères et qu'elles sont heureuses les mères de ces deux jeunes gens !

Plaise à Dieu que tous ceux qui vous connaissent puissent adresser à vos parents les mêmes félicitations !

O Jésus, qui pour me servir de modèle avez bien voulu vous faire petit enfant comme moi, devenir mon frère et parcourir successivement les années que j'atteins peu à peu, faites que je marche à votre suite, mettant mes pas dans vos pas, imitant en tout votre conduite, rendant heureux mon père et ma mère par mon amour et mon obéissance, et opérant l'œuvre de ma sanctification par la piété filiale.

I. — Aimez vos parents.

Ce devoir, mes enfants, je ne veux que vous le rappeler; ce serait faire injure à votre cœur que de vouloir vous en démontrer l'obligation.

Vous éprouvez naturellement pour votre père et votre mère une affection douce qui vous fait aimer leur compagnie; vous êtes bien aises de les voir, de converser avec eux, de répondre par des caresses à leurs embrassements; vous désirez leur être agréables et les rendre heureux. Quand vous êtes éloignés d'eux, leur souvenir fait tressaillir votre cœur; vous ne pouvez penser à eux sans être attendris profondément.

Comment en serait-il autrement? C'est leur sang qui coule dans vos veines, comme c'est leur image que vous portez sur vos traits. C'est à eux, après Dieu, que vous devez le bienfait de l'existence. Chaque jour encore, ils vous le conservent, et au prix de quels sacrifices !

Que de peines et de souffrances votre bonne mère a dû endurer pour vous ! Que de combats elle a eu à soutenir pour vous à toute heure du jour ou de la nuit, contre la faim, la soif, la douleur, la maladie et contre tous les maux qui ont assailli votre frêle enfance. Retenez bien ceci, chers enfants : « Quoi que vous fassiez pour vos mères, jamais, jamais, vous ne leur rendrez ce que vous leur avez coûté, pendant les deux premières années de votre existence » (1).

Votre père s'adonne chaque jour à un dur labeur ; il s'en va de bonne heure à son ouvrage, à l'atelier ou aux champs ; il s'y attache corps et âme durant dix heures par jour et vingt ou trente ans de sa vie. Est-ce pour lui qu'il travaille ainsi ? Vous savez bien que

(1) Mgr BAUNARD.

non. Quand la fatigue le saisit, l'ennui ou le découragement, alors il pense qu'il y a à la maison un enfant qui grandit et qui un jour lui fera honneur; il reprend courage, et le soir venu, quand il se voit au milieu de sa petite famille, il oublie tout dans la joie de se retrouver avec elle : il s'estime suffisamment récompensé par l'amour des siens.

Qui donc sur la terre vous aime autant que vos parents? Il n'y a que le bon Dieu, parce que seul il est capable d'un amour infini.

Ah! chers enfants, quelle affection ne devez-vous pas avoir pour votre père et votre mère en retour de celle qu'ils ont pour vous!

Le bienheureux Augustin Gruber, archevêque de Salzbourg, mort en 1835, l'un des amis les plus dévoués de la jeunesse, faisant un jour une visite d'école dans un village du Tyrol, demanda à une petite fille si elle pourrait calculer combien elle avait déjà coûté à ses parents. L'enfant fut d'abord très embarrassée.

« Mon enfant, ajouta l'archevêque d'un ton affectueux, voilà un problème dont vous n'avez sans doute jamais entendu parler, et cependant c'est l'un des plus importants ; car il est rare que les enfants réfléchissent sérieusement aux dépenses qu'ils ont causées à leurs parents, et conséquemment ils ignorent l'étendue de leur dette. Prenez courage, mon enfant, nous allons faire ensemble ce calcul. Trouvez-vous que c'est trop, si je suppose que les frais de nourriture, d'habillement, de lavage et autres dépenses accessoires peuvent être évaluées à 25 centimes par jour ? — Oh ! non, répondit l'enfant, revenue un peu de sa première frayeur. Cette somme serait plutôt trop faible. — Eh bien, combien un mois a-t-il de jours ? — Ordinairement trente. — Ainsi, combien un enfant

coûte-t-il de pièces de 25 centimes
par mois? — Trente, ce qui fait en
tout 7 fr. 5o. — Et maintenant, combien y a-t-il de mois dans l'année?
— Douze. — Et combien font 12 fois
7 fr. 5o? — 90 francs juste. — Allons,
continuons, ma chère enfant. Quel
âge avez-vous? — Dix ans. — Que
devez-vous donc jusqu'ici à vos parents? — 900 francs. — A merveille !
Mais il faudrait encore y ajouter les
frais de médecin et de médecine et
autres dépenses semblables; et puis,
mon enfant, calculez encore les peines
nombreuses que vous avez occasion-
nées à votre bonne mère; les nuits
qu'elle a passées auprès de votre couche lorsque vous étiez malade; les
travaux et les soins de votre père pour
l'entretien de la famille. Sera-ce aussi
avec de l'argent que des enfants
aimants et dévoués récompenseront
les peines et les soucis qu'ils ont occa-
sionnés à leurs parents? — Oh! non,

ces sortes de services ne sauraient s'estimer à prix d'argent. — Comment donc devez-vous, chers enfants, compenser toutes vos dettes, tout le bien en un mot, que vous avez reçu de vos parents ? — En menant une conduite sage et vertueuse. — Oui, mon enfant, c'est par une sage conduite que vous serez toujours plus agréable à Dieu ; ce sera la meilleure monnaie avec laquelle vous pourrez vous acquitter envers vos parents. »

Faites quelquefois ce calcul, mes chers enfants, chacun pour son compte, et l'accomplissement du devoir de la piété filiale vous deviendra plus facile.

*_**

Comment devez-vous aimer vos parents ?

Avant tout autre et plus que tout autre, Dieu excepté. La première place de votre cœur appartient à Dieu, qui vous a aimés de toute éternité. La seconde revient à votre père et à votre mère. Qui oserait la leur disputer? A qui oseriez-vous l'offrir?

Vous les aimerez d'un amour surnaturel, vivifié par la foi, en vue de Dieu dont ils tiennent la place près de vous. De la sorte vos témoignages d'affection se changeront en autant d'actes de religion et d'œuvres méritoires pour le ciel.

Il est bien entendu que vous ne leur causerez jamais volontairement aucun chagrin, vous souvenant que l'enfant qui fait pleurer les auteurs de ses jours se couvre d'ignominie et attire la malédiction de Dieu sur sa tête.

Votre plus grande peine sera de voir vos parents affligés ou mécontents.

On raconte dans la *Vie du P. Chevrier* que dans son enfance, lorsque sa mère l'avait grondé, il lui était impossible de s'endormir avant d'avoir obtenu son pardon. « Allez, lui disait sa mère, allez vous coucher, *Mon-*

sieur ! » C'est ainsi qu'elle l'appelait lorsqu'elle voulait le punir. Le pauvre petit « Monsieur » obéissait et se retirait dans sa chambre. Mais au bout d'un instant, il revenait tout en larmes : « Je serai sage, maman, je ne veux pas être un monsieur, je suis ton petit Antoine; pardonne-moi, maman, pardonne-moi! » Et souvent la mère lui laissait répéter longtemps ses actes de repentir avant de céder à ses instances. Un soir, quelle grosse faute avait-il commise? nous ne savons, mais il demanda pardon, sans l'obtenir, jusqu'à onze heures ; il sanglota, ne voulant absolument pas s'endormir avant d'avoir vu le sourire de sa mère. Mais, dès qu'il l'eut aperçu, son chagrin s'apaisa et, sous le tendre baiser maternel, il s'endormit tout d'un trait.

Ce n'est pas assez, chers enfants, d'éviter tout ce qui peut faire souffrir vos parents; si vous les aimez véritablement, vous leur voudrez du bien, vous ferez tous vos efforts pour les rendre heureux; vous préviendrez leurs désirs et leur procurerez tous les avantages possibles.

En 1858, le peintre Gérôme vendit au prix de vingt mille francs un de ses tableaux les plus remarqués à l'Exposition de peinture à Paris. Que fera-t-il de ce trésor, fruit de son travail?

— Achetez de la rente, lui dit l'un; c'est un placement sûr.

— Prenez des obligations de chemins de fer, lui conseille un autre.

Un troisième lui persuade d'acquérir à Paris une petite maison qui lui rapportera dix pour cent de son argent.

— Une petite maison, reprend l'artiste, c'est bien cela que je veux acheter. Mais ma petite maison, à moi, n'est pas à Paris; elle est dans la petite ville où demeure mon père. Tous les jours il passe devant elle, et jamais il

ne passe sans dire en soupirant :
« Finir ses jours là-dedans serait le
bonheur. » Mon père sera heureux, je
cours de ce pas réaliser son rêve.

En effet, cet excellent fils achète
l'immeuble; et quand les formalités
sont remplies, il emmène son vieux
père, sans rien lui dire, à sa prome-
nade accoutumée. En passant devant
la maison tant souhaitée, le bon vieillard ne manque pas d'exprimer ses
vœux d'usage.

— Oh! comme cette habitation me
conviendrait! murmure-t-il à voix
basse; comme elle réunit tous les agré-
ments désirables sous le rapport de la
situation et des distributions inté-
rieures! Vraiment, ajoute-t-il en élevant de plus en plus la voix, c'est un
petit bijou. » Et s'adressant à son fils :
« Les vieillards sont un peu comme
les enfants; j'ai honte assurément de
désirer avec tant de convoitise une
chose que je ne puis avoir, mais

j'éprouve un certain plaisir à me nourrir l'esprit d'un rêve chimérique; j'arrange ma vie dans cette habitation comme si elle m'appartenait en réalité; je la meuble en esprit, je dispose dans mon imagination tous les agencements intérieurs, et je suis arrivé à me rendre si bien compte du parti que je pourrai en tirer, que, je l'avoue ingénument, l'acquisition de cet immeuble, si j'avais les moyens de la faire, serait le bonheur, la joie de ma vieillesse. »

—Cette maison ferait votre bonheur, mon père? reprit aussitôt l'artiste; eh bien, mon père, elle est à vous! »

Et il sauta au cou du vieillard attendri et souriant, ne sachant plus ce qu'il devait admirer davantage, du bon cœur de son fils ou de son magnifique talent déjà récompensé par d'aussi brillants bénéfices (1).

(1) *Journal des bons exemples.*

.

Sans doute, il ne vous sera pas possible, chers enfants, de témoigner votre reconnaissance de la même manière; mais si vous avez au fond du cœur une affection sincère, vous trouverez continuellement des occasions de la manifester. Elle se traduira par des prévenances, de tendres empressements, des manières aimables, des paroles douces, des supports patients, des prières ferventes, et toutes sortes de procédés affectueux. L'amour filial rend ingénieux.

Quelle délicatesse dans la pieuse inspiration d'Hippolyte Flandrin! Cet illustre peintre, décorant l'église de Saint-Paul à Nîmes, inscrivit secrètement dans les plis de la draperie dont il revêtit le Christ, à la hauteur du cœur, les noms de son père, de sa mère, de son frère de sa sœur, de sa femme, de ses enfants, de tous ceux qu'il avait perdus ou que Dieu lui avait laissés, de tous ceux qu'il avait aimés ou qu'il aimait. On ne découvrit que longtemps après cette inscription dont le religieux artiste avait fait son secret.

Inscrivons dans le Cœur de Jésus les noms de nos chers parents. C'est là que tout se retrouve et que tout reste ; et déjà commençons à les aimer ici-bas, comme nous les aimerons un jour dans le ciel.

Bientôt peut-être, hélas ! de ce père, de cette mère, il ne restera plus rien sur terre, plus rien que le souvenir. Ah ! comme nous serons consolés alors par la pensée que nous les avons aimés et que nous avons rempli tous nos devoirs envers eux ! A leur souvenir votre cœur s'attendrira et vous ne pourrez contenir votre émotion, comme il arriva, il y a quelques années, à un grand savant qui fut en même temps un bon chrétien, l'illustre Pasteur.

Le conseil municipal d'Arbois, dans

le département du Jura, avait décidé qu'une plaque commémorative serait placée sur la façade de sa maison paternelle. Quand vint le moment de répondre aux discours et aux toasts, Pasteur rappela le souvenir de son père, un modeste tanneur, ancien soldat, qui des champs de bataille de l'empire n'avait rapporté pour toute fortune que la croix d'honneur pendue aux murailles de la pauvre maison ; de sa mère, une humble ménagère, mais vaillante, ardente, généreuse ; et leur faisant hommage de ses travaux et de sa gloire, leur illustre fils s'écria, avec des larmes dans la voix :

« O mon père et ma mère ! O mes chers disparus ! qui avez si modestement vécu dans cette petite maison, c'est à vous que je dois tout : tes enthousiasmes, ma vaillante mère, tu les as fait passer en moi. Si j'ai toujours associé la grandeur de la science à la grandeur de la patrie, c'est que j'étais imprégné des sentiments que tu m'avais inspirés. Et toi, mon cher père, dont la vie fut aussi rude que ton rude métier, tu m'as montré ce que peut faire la patience dans les longs efforts. C'est à toi que je dois la ténacité dans le travail quotidien. Non seulement tu avais les qualités persévérantes qui font les vies utiles, mais tu avais aussi l'admiration des grands hommes et des grandes choses. Regarder en haut, apprendre au delà, s'élever toujours dans le bien, voilà ce que tu m'as enseigné. Je te vois encore, après ta journée de labeur, lisant le soir quelque récit de bataille qui te rappelait l'époque glorieuse dont tu avais été le témoin. En m'apprenant à lire, tu avais le souci de m'apprendre la grandeur de la France.

« Soyez bénis l'un et l'autre, mes chers parents, pour ce que vous avez été, et laissez-moi vous reporter l'hommage fait à cette maison. »

C'est là un bien beau langage, parce que c'est le langage d'un bon fils qui se montre aussi grand par le cœur que par le génie auquel nous devons tant d'admirables découvertes.

Résolutions : 1° Je veux éviter avec soin tout ce qui peut déplaire à mes parents, désirant leur témoigner en tout et partout mon amour et mon attachement; 2° chaque jour, j'adresserai au ciel une prière pour leur conservation, et, s'ils sont décédés, des prières pour le repos de leur âme.

Cœur Sacré de Jésus, fournaise d'amour, embrasez nos cœurs du feu de votre divine charité, et nous aimerons de mieux en mieux nos bons parents.

II. — Respectez vos parents.

L'amour filial ne doit pas être la familiarité qui suppose l'égalité, encore moins la camaraderie, qui n'est bonne avec personne. Il doit être mêléde crainte : c'est ce qu'on appelle le *respect*.

Vos parents, mes chers enfants, portent sur leur tête un invisible diadème. Dieu, en les appelant à l'honneur de la paternité, a déposé sur leur front un rayon de sa royale majesté ; et il n'est, dans l'ordre naturel, aucun titre aussi sacré que celui dont ils sont honorés, aucune dignité aussi respectable que celle dont ils sont revêtus. *Toute paternité vient* directement *de Dieu.* Elle est comme un écoulement de la puissance et de la bonté divines.

Dès lors, vous voyez quel est le fondement de la vénération que vous devez vouer à ceux qui vous ont donné le jour, et quelle est la malice des paroles et des actions qui tendraient à les déshonorer.

Vous savez comment l'irrévérence

de Cham fut punie par Dieu. Il s'était moqué de Noé, son père, et avait appelé ses frères à partager sa raillerie indécente. Son châtiment fut terrible et il dure encore. Sa race a été maudite et vouée à l'esclavage. Les nègres, ses descendants, portent toujours la malédiction qui a été jetée sur leur père.

Il y a des cas où l'on est dispensé du devoir de l'obéissance; il n'y en a pas où l'on soit dispensé du devoir que nous considérons en ce moment. Il est universel et sans exception aucune.

Il peut se faire que des parents aient des défauts; vous devez les ignorer, les supporter, les cacher. Il pourrait même se faire qu'ils aient des rigueurs extrêmes, injustifiées : que ferez-vous alors ? Vous vous tairez et vous accepterez les sévérités paternelles.

Un pieux enfant, Louis-François Beauvais, qui édifia le petit séminaire de Saint-Acheul, se faisait remarquer par son respect et son amour pour ses parents. Il arriva un jour à sa mère, soit vivacité de sa part, soit qu'il fût échappé à l'enfant quelqu'une de ces fautes qu'excuse l'étourderie ou la faiblesse de l'âge, il arriva, dis-je, à sa mère, de le gronder fortement. Quand elle se fut retirée, quelques domestiques l'abordèrent pour prendre part à son chagrin : « Quoi! lui dirent-ils, tu te laisses ainsi traiter!!! Tu n'avais rien fait... ta mère ne t'aime pas. » Louis ne donna pas dans le piège qu'on lui tendait : « Je ne veux pas répondit-il, qu'on dise du mal de maman : si elle m'a puni, c'est pour mon bien, je l'avais mérité. »

Pour ne jamais manquer au respect que vous devez à vos parents, vous n'avez qu'à considérer en eux Celui dont ils sont les représentants et qui vous a donné la vie par eux. Qu'ils soient riches ou pauvres, savants ou ignorants, bons ou vicieux, ils portent un caractère ineffaçable et inviolable. Quelque soit le degré d'élévation auquel vous soyez parvenus, vous serez toujours leurs inférieurs et leurs obligés par un côté, et, à ce titre, toujours vos hommages leur sont dus.

Voyez Joseph : lorsqu'il fut établi grand ministre de l'Egypte, loin de perdre de vue son père, il demanda avec empressement de ses nouvelles, lui envoya de riches présents, le fit amener auprès de lui sur les chars de l'Etat, alla à sa rencontre, pleura de joie en le revoyant, l'embrassa tendrement et ne rougit pas de ce qu'il était pasteur de troupeaux, ce que les Egyptiens avaient cependant en mépris. Il le présenta au roi Pharaon, lui témoigna en face de toute l'Egypte le plus profond respect, veilla à son entretien, lui assigna sa demeure dans la fertile terre de Gessen, le visita souvent, accourut auprès de son lit de mort et lui ferma les yeux en versant d'abondantes larmes. Dans l'excès de sa douleur, il se jeta sur le cadavre de son père et couvrit de baisers le visage du défunt. Puis il le fit embaumer avec tous les soins et l'art qu'on employait à l'égard des rois eux-mêmes, ce qui dura quarante jours. Il transporta lui-même ses précieux restes dans la terre de Chanaan, pour les déposer dans le tombeau de ses pères.

Le roi Salomon ne montre pas moins de piété filiale à l'égard de sa mère. Un jour qu'il donnait une audience publique et qu'il était assis sur un trône magnifique, Bethsabée (c'était le nom de sa mère) entra pour lui demander une grâce. Aussitôt qu'il la vit, il se leva de son siège (honneur que les rois d'Orient ne rendaient à personne), alla à sa rencontre et lui fit une profonde révérence; puis il fit ériger un second trône à son côté droit qui était regardé comme la place d'honneur et l'invita à s'asseoir près de lui

Ces exemples sont à la honte de certains enfants qui rougissent de l'humilité de leurs parents.

***

On cite avec indignation la réponse d'un malheureux jeune homme qui alla jusqu'à renier son père, un propriétaire aisé, mais vêtu de la blouse des paysans. Ce dernier était venu voir son fils au pensionnat. Interrogé par ses condisciples qui lui demandaient qui était venu le voir, si c'était son père, l'enfant dénaturé eut la bassesse de répondre : « Non, c'est notre domestique. » Quelle honte !

Le général Drouot, qui s'est distingué avec tant d'éclat dans les guerres de l'empire, était bien éloigné de ces sentiments. Ayant appris que son père, un modeste boulanger de Nancy, venait au camp pour le voir, il se hâta d'aller à sa rencontre, puis

le présentant à son brillant état-major :
« Messieurs, leur dit-il, j'ai l'honneur
de vous présenter mon père, c'est à
lui que je dois ce que je suis aujour-
d'hui. » C'est que Drouot était aussi
bon chrétien qu'habile et brave mili-
taire. Napoléon l'appelait *le Sage de
l'armée.*

Un fils s'honore en avouant l'humilité de son origine. Ainsi faisait saint
Vincent de Paul. « Savez-vous, disait-
il à un homme de condition, que je
ne suis que le fils d'un pauvre villa-
geois, et que j'ai gardé les troupeaux
dans les champs ? » Et un jour que le
grand Condé voulait le faire asseoir à
son côté : « Quoi, Monseigneur, répondit-il en reculant, m'asseoir auprès
de vous ! Mais Votre Altesse ignore-
t-elle donc que je suis le fils d'un pauvre paysan ? » A quoi Condé répondit
délicatement en latin que c'est la
vertu qui fait la vraie noblesse : *Mo-
ribus et vita nobilitatur homo.* C'était

justice. On raconte aussi qu'un jour, quelques-uns de ses parents étant venus le voir à Paris, dans leur pauvre accoutrement de paysans des Landes, saint Vincent de Paul appelant les prêtres de sa compagnie : « Messieurs, leur dit-il en leur montrant son neveu, voici le plus honnête homme de ma famille. » Durant toute la journée il le présenta dans ce costume à tous les nobles visiteurs qui vinrent à Saint-Lazare.

Le pape Urbain IV qui était le fils d'un pauvre savetier de Troyes en Champagne, voulut consacrer le souvenir de son humble origine en fondant sur l'emplacement de sa maison natale une église dédiée à saint Urbain et ornée de vitraux où il fit représenter son père dans l'exercice de sa profession.

Benoît XI était, lui aussi, fils de parents très pauvres. Quand il fut élevé sur le trône pontifical, en 1303, sa mère vint à Pérouse pour lui rendre visite. Ses amis lui firent prendre des vêtements comme il convenait à la mère d'un si grand prince. Mais avant de la recevoir, le pape demanda comment elle était vêtue. On lui répondit qu'elle avait pris une robe de soie pour l'honneur du Siège apostolique. « Oh ! alors, répliqua-t-il, ce n'est point ma mère, car ma mère est une pauvre femme qui ignore ce que c'est que la soie. » On rendit alors à la pieuse femme ses pauvres vêtements et le pape l'embrassa tendrement en disant : « Pour le coup, je vous reconnais, vous êtes ma mère. »

* * *

Une des marques les plus expressives que les enfants puissent donner de leur respect pour leurs parents, c'est d'imiter leurs bons exemples et de suivre leurs conseils.

Ecoutez ce qu'écrivait à ce sujet une mère chrétienne du xviii* siècle, la sœur du chancelier d'Aguesseau :

« Dieu qui nous conduit par le ministère de ses créatures, donne pour l'or-
dinaire des lumières aux pères et aux
mères pour la conduite de leurs enfants. Il faut suivre cet ordre ; et,
après Dieu, ce que vous devez préfé-
rablement respecter, craindre et aimer,
ce sont ceux qu'il vous a donnés pour
pères et mères. Évitez donc avec
attention un défaut où tombent les
jeunes gens qui se croient maîtres
d'eux-mêmes et hors de toute dépen-
dance, dès que leurs études sont
finies. Conservez toujours pour nous
le respect et la confiance que vous
devez. Regardez-nous comme vos
amis ; nous serons pour vous, monsieur votre père et moi, les plus véri-
tables, les plus désintéressés et les
plus tendres que vous puissiez avoir.
Ne faites jamais de projets, de parties,
de liaisons ni de connaissances que
vous craigniez que nous ne sachions.
Si vous commettez des fautes, faites-

nous-en sincèrement l'aveu ; montrez-vous à nous tel que vous serez. »

Il y aurait aussi à parler d'un usage qui a été complètement ignoré dans la France d'autrefois et que les mœurs nouvelles ont acclimaté chez nous, je veux dire le *tutoiement* employé avec ses père et mère. Est-il conciliable avec le respect filial ? Certainement, comme on peut le voir dans beaucoup de familles chrétiennes. Il convient d'ailleurs d'attacher plus de prix au sentiment intérieur qui anime les relations des enfants avec leurs parents, qu'à la formule elle-même qui le traduit. Il n'en reste pas moins vrai que le *vous* est plus respectueux et plus conforme à l'esprit de l'Eglise catholique qu'un protestant célèbre appelait *la plus grande école de respect* qui soit au monde. Si donc, chers enfants, cet usage existe encore dans vos familles, gardez-le précieusement, c'est un reste de nos vieilles traditions chrétiennes que l'on a tout intérêt à ne pas perdre. Si au contraire on emploie chez vous ce tutoiement que nous a légué la Révolution, destructive de toute inégalité sociale, et qu'il vous soit impossible de revenir aux formules du temps passé, adoucissez-en au moins la rudesse par un ton toujours rempli de déférence et de modestie.

Que c'est pénible et triste d'entendre un enfant parler mal à son père ou à sa mère, surtout lorsqu'il emploie le même langage que lorsqu'il s'adresse à des camarades ou même à des animaux!

Résolutions. — 1° Je ne me permettrai ni critiques ni murmures à l'égard de mes parents. 2° Je leur parlerai toujours avec respect et me tiendrai en leur présence avec modestie.

O mon Dieu, remplissez nos cœurs du sentiment de votre présence et de votre autorité dans la personne de ceux qui vous représentent près de nous.

III. — Obéissez à vos parents.

Comment, chers enfants, témoigne-rez-vous le mieux à vos parents que vous les aimez et que vous respectez leur autorité ? Vous le comprenez sans peine, c'est par votre *obéissance*.

Est-ce aimer ses parents que de ne pas craindre de leur déplaire ? Est-ce les respecter que de ne pas les écouter, que de ne pas se soumettre à leur volonté ? Un enfant qui aime ses parents accomplit parfaitement leurs ordres, il va même au-devant de leurs désirs. Aussi l'obéissance est-elle regardée comme la vertu particulière des enfants; on ne peut faire d'eux un plus bel éloge que lorsqu'on dit qu'ils sont dociles et bien obéissants.

Les trente années de la vie de Notre-Seigneur Jésus-Christ à Nazareth sont racontées en quatre mots par saint Luc :

Et erat subditus illis. Ces quatre mots suffisent pour nous apprendre que notre divin Sauveur avait toutes les vertus d'un bon fils, car ils signifient : *Il était soumis à ses parents.* Lui, le Créateur du monde, était soumis à ses créatures ; il était soumis à la sainte Vierge dans les soins du ménage, à son père nourricier dans l'exercice du métier de charpentier. C'est dans cet état de soumission et d'obéissance qu'il se présente à vous et qu'il vous dit à chacun avec son aimable sourire : « Vois, je suis ton frère, regarde-moi bien et fais toi-même ce que j'ai fait. Je suis venu sur la terre pour te donner l'exemple. »

Toutes les fois que saint Paul dans ses épîtres a l'occasion de parler des devoirs des enfants, il répète le même mot : *Enfants, obéissez.* Une fois il ajoute : *Hoc enim justum est. Car cela est juste.*

Oui, il est juste que vous obéissiez

à vos parents, parce que vos parents tiennent la place même de Dieu et qu'ils commandent en son nom, en sorte que l'on désobéit à Dieu lui-même quand on désobéit à ses père et mère.

Vous n'avez peut-être jamais bien pensé à la gravité du péché de désobéissance. Il porte un coup qui retentit jusque dans le ciel ; c'est le péché de Lucifer qui disait : *Non serviam. Je n'obéirai pas.* On a dit avec raison que l'enfant qui n'obéit pas à ses parents obéira un jour aux bourreaux. Accoutumé à faire ses volontés, à agir à sa guise, à ne se plier sous l'autorité de personne, il se laissera aller à toutes ses passions, aux plus affreux débordements ; il sera la ruine et la honte de sa famille.

Ecoutez les terribles paroles par lesquelles le Seigneur voulait qu'on vengeât dans l'ancienne loi l'autorité paternelle méconnue : *Si quelqu'un a* donné la naissance à un fils insolent et contumace qui refuse d'obéir à ses ordres, qu'on saisisse le rebelle, qu'on le conduise à la porte de la ville, devant les anciens qui y rendent les jugements; que ses parents, justement offensés, élèvent la voix, forment leurs plaintes et disent : Cet enfant s'élève contre nous, il refuse de nous obéir; il se livre à tous les excès. Alors tout le peuple s'armera de pierres, on l'exterminera du milieu de ses concitoyens; qu'il soit mis à mort; qu'on en délivre la patrie; que l'éclat de cette vengeance retentisse de toutes parts et qu'Israël tremble à la vue d'un châtiment si juste et si redoutable.

Si le châtiment était si terrible, c'est que le péché est bien grand.

Sans doute vos parents, enfants désobéissants, n'iront pas demander vengeance à la justice des hommes ni étaler au grand jour leur affliction et leur honte, mais croyez que les larmes qu'ils versent en secret, que les plaintes qui s'échappent de leur cœur montent au ciel et appellent les vengeances de la justice éternelle.

Vous savez tous comment a été punie la révolte d'Absalon qui ne craignit pas de porter les armes contre David, son père, et de l'obliger à fuir tout en larmes de Jérusalem sur la montagne des Oliviers. Ce fils criminel qui eût mérité de subir les plus cruels châtiments, Dieu permit qu'il se pendît lui-même sans le vouloir. Le cœur de cet ingrat fut transpercé de trois lances, et son cadavre, le cadavre d'un fils de roi, fut jeté dans une fosse qu'on avait creusée dans la forêt et on le recouvrit d'un monceau de pierres en signe d'exécration. Les voyageurs orientaux rapportent qu'aujourd'hui encore les passants jettent des pierres sur la tombe d'Absalon. Les pères donnent ordre à leurs enfants d'en jeter en disant : « Voyez, c'est ici que pour rit ce fils perfide, rebelle contre son père. »

***

Nous n'avons rien à craindre de semblable de vous, parce que vous vous montrerez toujours de parfaits obéissants, imitant la fidélité des anges *qui se tiennent debout devant le trône de Dieu*, dans l'attente de ses ordres, accomplissant la volonté de votre père *sur la terre* comme les saints accomplissent *la volonté de notre Père qui est aux cieux*. Il y a des familles où les enfants n'attendent qu'un mot, un signe, un regard, pour exécuter aussitôt et sans bruit les volontés et les désirs qui leur sont exprimés. Toutes les âmes sont joyeuses, parce que toutes font ce qu'elles doivent et aiment ce qu'elles font. Elles ne cèdent pas à la crainte servile, mais à la conscience du chrétien et à l'affection filiale.

Pourquoi ne donneriez-vous pas,

chers enfants, ce spectacle admirable! Comme l'Enfant Jésus reposerait avec complaisance ses regards sur vous!

Vous n'imiterez donc pas ces enfants qui ne reçoivent jamais qu'en murmurant les ordres de leurs parents, qui se plaignent qu'on leur fait tout faire, qui renvoient à leurs frères et sœurs l'accomplissement de tout ce qu'on leur commande, qui ne supportent qu'avec peine le joug de l'autorité paternelle. C'est faire payer trop cher votre obéissance que de l'accorder de si mauvaise grâce. Vous obéirez avec joie, le sourire sur les lèvres, le contentement dans le cœur; point de murmures, point de répliques.

Vous n'imiterez pas non plus ces enfants indolents qui se traînent *dans la voie des commandements* au lieu de marcher, de voler, qui attendent toujours qu'on leur répète plusieurs fois les mêmes ordres, qui fatiguent la patience de leurs père et mère et les

irritent par leurs sempiternels délais.
Est-ce obéir que d'agir ainsi ? N'est-ce
pas plutôt provoquer des colères et
pécher doublement ?

Vous obéirez promptement, sans
délai, comme Joseph, cet aimable fils
de Jacob, qui était toujours prêt à suivre les ordres de son père : *Præsto
sum* ; ou bien comme le jeune Samuel
qui se lève au milieu de la nuit et se
présente en disant : *Vous m'avez
appelé, me voici* ; ou mieux encore
comme votre grand modèle, l'Enfant
Jésus, qui était toujours soumis à la
volonté de ses parents : *et erat subditus illis.*

Vous obéirez en esprit de religion,
c'est-à-dire pour plaire à Dieu qui le
demande ; vous ferez ainsi de votre
obéissance un acte de piété, *meilleur
que le sacrifice.* Les démarches les
plus insignifiantes vous seront méritoires.

Sainte Rose de Lima n'allait nulle

part, n'entreprenait rien, se faisait
même un scrupule de boire sans la
permission de sa mère. Celle-ci, pour
éprouver la fidélité de sa fille, lui or-
donna un jour de faire à rebours un
ouvrage de fleurs en broderie qu'elle
avait entre les mains. Rose obéit à
l'instant. Sa mère lui ayant ensuite
fait une réprimande : « Maman, répondit l'enfant, il m'est assez indifférent
de faire une fleur de telle ou telle manière ; mais je ne saurais manquer à
la soumission que je vous dois.»

Un enfant ainsi disposé ne fera jamais de fautes. Grâce à l'obéissance,
il sera préservé. Au contraire celui qui
veut se conduire lui-même s'égarera in-
failliblement comme le voyageur sans
guide dans une forêt. Semblable au
papillon folâtre qui voltige imprudem-
ment autour d'une vive flamme qui va
le brûler, il sera bientôt la proie de
toutes les passions.

L'enfant obéissant passe à côté du

plaisir et suit le devoir. Quand il sait se contraindre, à cet âge où tout est mobilité, on peut prévoir qu'il sera apte aux plus héroïques vertus. C'est la remarque que fait l'auteur de la *Vie du P. Chevrier*, à propos d'un trait de l'enfance de son héros.

Un jour que la mère du petit Antoine devait s'absenter, elle lui dit : « Tu vas t'asseoir ici ; voici des jouets pour t'amuser, mais fais attention, reste là jusqu'à mon retour. — Oui, maman, répond l'enfant. » Trois heures après, au retour de la mère, il était à la même place qu'il n'avait pas quittée un seul instant.

**

Il est cependant des circonstances où l'obéissance cesse d'être un devoir : par exemple si les parents venaient à commander quelque chose de contraire à la loi de Dieu. C'est le moment de se rappeler la parole de

Notre-Seigneur : *Celui qui aime son père et sa mère plus que moi n'est pas digne de moi* ; et la réponse des apôtres aux Juifs qui voulaient les empêcher d'annoncer l'Evangile : *Il vaut mieux obéir à Dieu qu'aux hommes.* Si le père peut tout au nom de Dieu, il ne peut rien contre Dieu.

Même alors on restera respectueux et aimant, on se montrera dévoué sans mesure et prêt à tout dans l'ordre des choses permises, mais, en dehors de là, d'une résistance inébranlable. Au fond, vos parents seront secrètement charmés de voir leur enfant résister si courageusement aux mauvaises influences.

L'Eglise exalte à bon droit le courage d'Herménégilde, ce jeune prince des Wisigoths d'Espagne, qui, placé par son père dans l'alternative d'apostasier ou de périr, livra sa tête plutôt que son âme. Par sa mort il convertit son royal bourreau et le royaume.

Résolutions. — 1° Tant que Dieu me conservera mon père et ma mère, je leur serai soumis. 2° Je leur obéirai en vue de plaire à Dieu et dans la pensée qu'il me commande par leur organe.

Divin Jésus, apprenez-nous à devenir *doux et humbles de cœur* comme vous, et nous saurons pratiquer l'obéissance.

IV. — Donnez l'assistance à vos parents.

Un brave ouvrier, qui travaillait avec acharnement à un pénible ouvrage de terrassement, répondit un jour à quelqu'un qui lui demandait combien il gagnait par jour : « Mon salaire est bien modeste ; néanmoins il me fait vivre, et même il m'aide à payer des intérêts et à m'assurer un capital pour l'avenir. — Que voulez-vous dire ?—

Venez avec moi et je vous l'expliquerai. » Et il le conduisit dans sa chaumière. Montrant deux vieillards qui étaient là : « Voici, dit-il, mon père et ma mère qui ont eu bien de la peine pour m'élever. Ils ne peuvent plus rien faire maintenant, il faut qu'en les nourrissant je leur paye les intérêts de ce qu'ils ont fait pour moi. » Puis ouvrant la porte d'un autre appartement, il lui montra six enfants, brillants de fraîcheur, entourant leur mère. « Voici mes enfants, il faut qu'en les élevant je forme un capital dont ils me paieront les intérêts dans ma vieillesse. »

Rien n'est plus vrai, chers enfants. Les services que vous recevez dans votre jeune âge ne sont qu'un prêt ; vous devez les rendre à votre père devenu vieux, à votre mère devenue infirme.

Ils vous ont nourris quand vous étiez incapables de pourvoir à vos besoins ; ils ont épuisé leurs ressources et leurs forces pour fournir aux frais de votre éducation. Il est bien juste que maintenant qu'ils ne peuvent plus rien, vous leur veniez en aide dans la mesure de vos moyens. Vous les assisterez du fruit de votre travail, du prix de vos épargnes. Quelle douceur pour vous s'il vous était donné de leur rendre, après des revers, des infortunes, leur honneur, leur aisance en vous sacrifiant vous-mêmes! Si vous êtes également dans la gêne, votre cœur vous inspirera toutes sortes d'industries pour acquitter votre dette.

Un soldat, avec sa paye si minime de sept centimes par jour, trouvait moyen de soulager la misère de sa vieille mère qui vivait au fond d'un petit village de la Bretagne. A la fin de chaque mois il lui envoyait un mandat de deux francs. On comprend aisément que ce bon fils était un modèle de sobriété et d'abnégation chrétienne.

On cite aussi avec édification le trait

d'une jeune fille dont le père était fort avancé en âge et presque toujours malade. Elle le soignait et le nourrissait du travail de ses mains. Mais comme le gain journalier ne suffisait plus et qu'elle se voyait dans l'impossibilité de payer le trimestre échu du loyer, elle va trouver un coiffeur, auquel elle offre en vente les longues tresses de sa blonde chevelure : Quel prix en demandez-vous ? dit le côiffeur en regardant la jeune fille troublée. — Ah ! Monsieur, j'en demande beaucoup d'argent, j'en voudrais quinze francs. — Quinze francs ! c'est beaucoup, mon enfant, j'aurai de la peine à en retirer cette somme. — Ce n'est pas pour moi, c'est pour mon pauvre vieux père malade. — Si c'est ainsi, répondit le charitable coiffeur, voilà les quinze francs. » Joyeuse et émue, la jeune fille vit sans sourciller ses cheveux tomber sous le tranchant des ciseaux.

***

Ces exemples de piété filiale con-
damnent la conduite de ceux qui aban-
donnent leurs vieux parents dans le
besoin, qui les laissent mendier leur
pain ou le gagner dans la souffrance
sous le poids des infirmités, comme
aussi de ceux qui en donnant un abri à
un père, à une mère, ont l'air de leur
faire l'aumône et croient qu'avec cela
ils ont rempli tous leurs devoirs.

Il y a quelque chose qui est plus précieux que le pain quotidien, ce sont les
attentions délicates, les marques de confiance et de respect, les soins affectueux
et assidus. Devenus comme étrangers
au monde par les habitudes de leur
âge, ces bons vieillards n'ont pas de
société plus agréable que la vôtre. Ne
la leur refusez pas; visitez-les fré-
quemment. Entretenez-les avec une
douce gaieté de ce qu'ils aiment. Dans
leurs afflictions, un mot de votre bou-

che, un seul regard d'affection leur fera tant de bien !

Vous les assisterez dans la maladie. Un père malade trouve sa couche plus douce quand c'est sa fille qui l'a remuée. Une mère repose si doucement sur le bras de son fils sa tête appesantie par la douleur! Oh! accourez promptement près de leur lit de souffrance; restez-y le plus longtemps que vous, pourrez. Souvenez-vous de votre berceau, et vous ne trouverez pas fatigants les jours passés près de leur grabat.

Que de traits touchants d'assistance filiale on pourrait rapporter ici ! Des jeunes filles en grand nombre ont renoncé à des partis très avantageux pour pouvoir donner tous leurs soins durant de longues années à un père, à une mère, visités par la maladie ou les infirmités de la vieillesse.

C'est surtout au moment redoutable de la mort que vous ne devez pas vous éloigner de vos chers parents ni vous faire remplacer par des mercenaires. Tenez-vous là quand ils soutiennent les derniers assauts du démon et les terreurs de la justice divine. Que votre piété filiale ramasse tout ce qu'elle a de foi et de charité pour leur faciliter le passage du temps à l'éternité.

N'attendez pas qu'ils soient à l'extrémité pour leur faire administrer les sacrements. Préparez-les par vos exhortations à les bien recevoir ; inspirez-leur la plus grande confiance en la miséricorde de Dieu, et demandez pour eux, de toute la force de votre amour, la grâce d'une bonne mort.

Une bonne mort ! Voilà la grâce des grâces ; tout le reste s'en va avec la vie. Le seul malheur irréparable, c'est la mort en état de péché ; et si ce malheur arrive par la faute d'enfants pusillanimes qui, par une stupide trahison de tous leurs devoirs, n'ont pas osé aborder la question capitale du salut éternel, quel crime sur leur conscience et quel remords pour leur cœur !

*
* *

L'assistance la plus nécessaire, c'est l'assistance spirituelle ; car l'homme ne vit pas seulement de pain, et l'âme ne meurt pas. Il ne faut pas attendre le dernier moment pour parler de religion à des parents oublieux ou indifférents. C'est durant toute la vie que doit s'exercer ce ministère de zèle, mais toujours avec prudence et discrétion. Il faudra vous armer de charité et de persévérance et vous rappeler que, si les maladies du corps sont longues à guérir, celles de l'âme le sont bien davantage. Il faudra surtout mettre le ciel de votre côté par des prières ardentes et infatigables. Vous profiterez de toutes les occasions que la Providence ne manquera pas de vous ménager, et le miracle que vous atten-

dez se fera au moment où vous y pen-
serez le moins.

Un enfant, appartenant à une famille
éloignée des pratiques religieuses, se
préparait à sa première communion
dans l'Œuvre du P. Chevrier, à Lyon.
Au bout de deux mois, sa mère vint le
voir au parloir ; elle le trouva si
changé qu'elle ne pouvait en croire ses
yeux : « Mère, lui dit-il, c'est qu'ici on
prie le bon Dieu, chez nous on ne le
priait pas. » La mère, confuse, répondit en versant des larmes. « Tiens,
mère, reprit l'enfant, voici un christ
qu'on m'a donné ; porte-le toujours et tu
seras heureuse comme moi. » Au jour
de la première communion, la mère
accompagna son fils à la sainte Table.

Plus d'un père a été doucement ra-
mené à la religion par les soins affectueux d'une fille pieuse. Grâce à ce
tact délicat dont le bon Dieu vous a
douées, il vous est facile, chères enfants, de tout dire à votre père ou d^

tout lui faire deviner. Vous lui faite connaître peu à peu le secret de votre paix intérieure; vous lui laissez entrevoir que vous avez quelque chose qui lui manque. Il saura que vous l'aimez plus encore qu'il ne le demande; que, préoccupées de son bonheur présent, vous l'êtes surtout du salut de son âme, que vous priez pour lui et que votre joie sera complète seulement le jour où il possédera le même trésor que vous-mêmes. Vous achèverez ainsi l'œuvre que peut-être votre mère n'était pas parvenue à mener à bout. C'est l'histoire de la conversion d'un grand savant français qui n'avait pas connu la foi chrétienne dans son enfance, de Littré, qui reçut le baptême à l'âge de quatre-vingts ans.

Peut-il exister sur la terre un bonheur plus grand que celui d'ouvrir les portes du ciel, de donner la vie éternelle à ceux qui nous ont donné la vie temporelle?

Résolutions. — 1° Je me ferai un devoir d'assister mes père et mère en tout ce qui pourra leur procurer consolation et soulagement. 2° Tous les jours je prierai pour eux, surtout pour le salut de leur âme, et je dirai : Mon Dieu, conservez la santé à mon père et à ma mère, veillez sur des jours si précieux à mon éducation; éclairez-les des lumières de votre divin Esprit; qu'ils marchent dans la voie de vos commandements, qu'ils y dirigent les pas de toute leur famille, et réunissez-nous tous un jour dans votre demeure céleste, comme vous nous avez réunis sur la terre. Ainsi soit-il.

PRIÈRE POUR SES PARENTS

Si toutes les prières ferventes vous sont agréables, ô mon Dieu, combien la prière d'un enfant pour ses parents n'aura-t-elle pas de droits sur votre cœur! C'est donc avec une grande confiance que je viens implorer votre miséricorde pour ceux de qui j'ai reçu la vie, une éducation chrétienne et tout le bonheur dont je jouis. Mon Dieu, qui daignez me permettre de vous appeler mon Père, souvenez-vous de celui qui partage avec vous un nom si cher pour moi; mon Dieu, qui, pour nous faire comprendre l'étendue de votre amour pour nous, l'avez comparé à l'amour d'une mère, écoutez en faveur de celle qui m'a donné le jour les vœux de ma tendresse. Dans l'impuissance où je suis de rendre jamais à mes parents tout ce que je leur dois, j'ose vous supplier, Seigneur, de vous charger envers eux de ma reconnaissance filiale, et de la transformer par votre grâce en les plus précieux de vos dons.

Que votre bénédiction s'étende sur mon père et ma mère, comme autrefois sur les saints patriarches; que leurs jours pleins de bonnes œuvres soient heureux et tranquilles, que je puisse goûter longtemps encore auprès d'eux mes plus pures joies et trouver dans les sages leçons de leur expérience mon guide le plus sûr et mon plus doux appui. Que mes soins les soutiennent, que ma tendresse les console, que je ne sois jamais assez malheureux pour leur causer même un léger chagrin, et qu'au ciel, ô mon Dieu, votre bonté réunisse à jamais dans une même félicité ceux que tant de liens unissent déjà si étroitement sur la terre. Ainsi soit-il.

TABLE DES MATIÈRES

LYON. — Imp. E. VITTE, rue de la Quarantaine, 18.

Documents manquants (pages, cahiers...)
NF Z 43-120-13